Liebe Eltern und Erzieher,

die kurzen Wortbild-Geschichten und ihre einfache Übersetzung bieten Grundschulkindern eine sinnvolle Möglichkeit für die erste Begegnung mit Texten in englischer Sprache.

Kleine Bilder ersetzen in den lustigen Geschichten alle Namenwörter. So ist jede Menge Lesespaß garantiert. Und das Verstehen der englischen Wörter gelingt ganz einfach, denn der englische und der deutsche Text werden direkt gegenübergestellt.

Die englischen Begriffe können mit den Bildern und der deutschen Übersetzung im Vokabelfenster eingeübt werden. Das Vokabelfenster findet man auf jeder deutschen Textseite unten.

Zudem werden die Kinder mit einfachen Sätzen und Gesprächsformen vertraut gemacht. Als Sprechanreiz sind am Schluss jeder Lerneinheit die wichtigsten Tunwörter aufgeführt.

Themen aus dem Grundschullehrplan in spannende Geschichten verpackt: So leicht ist Englischlernen!

Have fun!

Ihr gondolino-Englisch-Team
Christina Reuth, Gertraud Fuchs
- Grundschullehrerinnen -

Mein erstes
Englisch-Übungsbuch

Geschichten für Jungs

gondolino

ISBN 978-3-8112-3429-1
1. Auflage 2017
© für diese Ausgabe: gondolino GmbH, Bindlach 2017
Umschlagillustration: Julia Ginsbach
Umschlaggestaltung: Vanessa Braun
Printed in Poland

Der Umwelt zuliebe gedruckt auf chlorfrei gebleichtem Papier.

www.gondolino.de

Inhalt/Contents

Geschichten vom kleinen Gespenst
Kein normales Gespenst

Auf einem hohen stand

ein mit sieben .

Jetzt sind nur ein paar und ein

übrig. Hier lebt das kleine Gundula.

Es wohnt dort mit der alten .

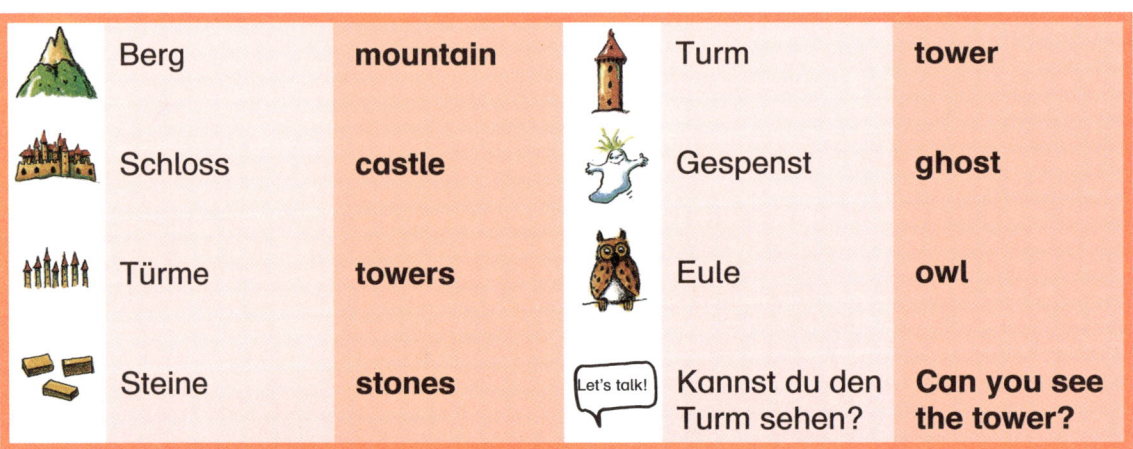

	Berg	mountain		Turm	tower
	Schloss	castle		Gespenst	ghost
	Türme	towers		Eule	owl
	Steine	stones	Let's talk!	Kannst du den Turm sehen?	Can you see the tower?

8

Stories about the little ghost

A very special ghost

Upon a high stood

a with seven .

Now only a few and one are left.

This is the home of Gundula, the little .

She lives there with the old .

Die geht auf und

scheint durchs herein.

Das kleine reckt sich.

Es springt aus seiner und

schüttelt das und die auf.

„Hallo, !", ruft es.

	Sonne	**sun**		Kissen	**pillow**
	Fenster	**window**		Decke	**duvet**
	Gespenst	**ghost**	Let's talk!	Das Kissen ist weich.	**The pillow is soft.**
	Truhe	**chest**	Let's talk!	Die Decke ist warm.	**The duvet is warm.**

The comes up and

shines through the .

The little has a stretch.

Then she jumps out of her and

shakes her and her .

"Hello, !" she says.

Die alte blinzelt

mit einem .

„Tagsüber will ich schlafen!",

sagt sie.

Das kleine schwebt

vor den und winkt sich zu.

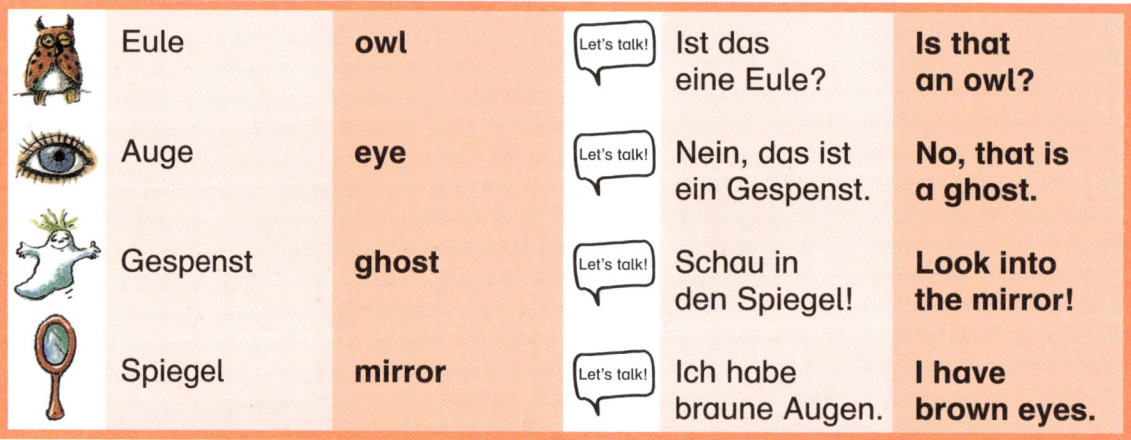

	Eule	**owl**	Let's talk!	Ist das eine Eule?		**Is that an owl?**
	Auge	**eye**	Let's talk!	Nein, das ist ein Gespenst.		**No, that is a ghost.**
	Gespenst	**ghost**	Let's talk!	Schau in den Spiegel!		**Look into the mirror!**
	Spiegel	**mirror**	Let's talk!	Ich habe braune Augen.		**I have brown eyes.**

The old blinks

one .

"I want to sleep in the daytime!"

it says.

The little glides

over to the and waves at herself.

Es nimmt den aus der ▢ .

Das kleine 👻 wäscht sich.

Mit seiner 🪥 putzt es sich die 🦷 .

Was? Normale 👻👻 stehen nachts auf

und putzen sich nicht die 🦷 !? Richtig!

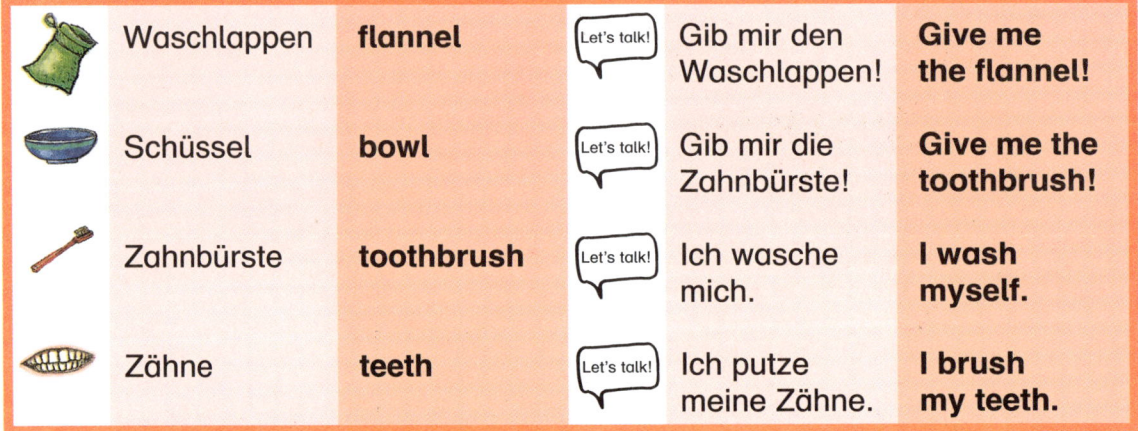

🧽	Waschlappen	**flannel**	Let's talk!	Gib mir den Waschlappen!	**Give me the flannel!**
🥣	Schüssel	**bowl**	Let's talk!	Gib mir die Zahnbürste!	**Give me the toothbrush!**
🪥	Zahnbürste	**toothbrush**	Let's talk!	Ich wasche mich.	**I wash myself.**
🦷	Zähne	**teeth**	Let's talk!	Ich putze meine Zähne.	**I brush my teeth.**

She takes the out of the bowl.

The little washes herself. With

a she brushes her teeth.

What? Normal ghosts get up at night and

do not brush their teeth either!? That is right!

Aber dieses kleine macht, was es will.

Gundula spukt auch im

wenn die scheint.

Jetzt schwebt sie leise zum hinaus.

Die alte möchte schlafen.

	Gespenst	**ghost**	Let's talk!	Die Sonne scheint gerade.	**The sun is shining.**
	Sonne	**sun**	Let's talk!	Die Eule schläft.	**The owl sleeps.**
	Fenster	**window**	Let's talk!	Öffne das Fenster!	**Open the window!**
	Eule	**owl**	Let's talk!	Schließ das Fenster!	**Close the window!**

But this little does what she wants.

Gundula haunts the

when the shines, too.

Now she is quietly gliding out of the .

The old wants to sleep.

Im Schloss

Manchmal denkt das zurück

an die und den .

Beide leben nicht mehr im .

Sobald das anfängt, von ihnen

zu träumen, wird alles wie früher.

	Geist	**ghost**	Let's talk!	Wer lebt im Schloss?	**Who lives in the castle?**
	Königin	**queen**	Let's talk!	Der König lebt im Schloss.	**The king lives in the castle.**
	König	**king**	Let's talk!	Ist das ein Ritter?	**Is that a knight?**
	Schloss	**castle**	Let's talk!	Nein, das ist der König.	**No, that is the king.**

In the castle

Sometimes the little thinks back

to the and the .

Neither of them lives in the anymore.

As soon as the little starts dreaming

about them, everything becomes as it was.

Das 👻 kann die 🐴 auf der 🏰 hören. Die ⚔️ kommen ins 🏰!

Sie setzen sich an den langen 🪑.

Der 👨‍🍳 hat viele 🫕 auf dem 🔥.

Mit seiner 🥄 schöpft er die 🍽️ voll.

Er rollt ein schweres 🛢️ herein.

	Pferde	**horses**			Töpfe	**pots**	
	Zugbrücke	**drawbridge**			Feuer	**fire**	
	Ritter	**knights**			Kelle	**ladle**	
	Tisch	**table**			Teller	**plates**	
	Koch	**cook**			Fass	**barrel**	

The can hear the 🐎 on the 🌉.

The 🛡️ are coming into the 🏰!

They sit down at the long 🪑.

The 👨‍🍳 has many 🍲🍲 on the 🔥.

With his 🥄 he fills up the 🍽️.

He rolls in a heavy 🛢️.

Die spielen .

Sie singen, tanzen und feiern.

Die eilt in den und ruft nach Gundula.

„Kannst du bitte die erschrecken?",

fragt sie das kleine . „Der kann

nicht schlafen. Die sind zu laut."

	Ritter	**knights**		Gespenst	**ghost**
	Würfel	**dice**		König	**king**
	Königin	**queen**	Let's talk!	Das Gespenst ist im Turm.	**The ghost is in the tower.**
	Turm	**tower**	Let's talk!	Du bist im Schloss.	**You are in the castle.**

The play .

They sing, dance and celebrate.

The rushes into the and calls

for Gundula. "Could you please frighten

the ?" she asks the little . "The

can't sleep. The are too noisy."

„Aber gern", sagt das kleine .

Schnell wie ein saust es das

hinunter. Gundula landet auf dem .

Genau zwischen den .

Die tapferen erschrecken.

Mit schlotternden rennen sie hinaus.

Sie reiten auf ihren davon.

Blitz	**lightning**		Knie	**knees**
Treppen-geländer	**banister**		Pferde	**horses**
Tisch	**table**	Let's talk!	Lasst uns würfeln!	**Let's play dice!**
Ritter	**knights**	Let's talk!	Lasst uns ein Spiel spielen!	**Let's play a game.**

"With pleasure," the little says.

Fast as she speeds down the .

Gundula lands on the .

Right between the .

The brave are frightened.

They run outside with trembling .

They ride away on their .

Im ist es wieder ruhig.

Das kleine ruht sich mit der

und dem vor dem aus.

Bald schläft der müde ein.

Das kleine träumt:

Es träumt von einem ,

in dem der und die

immer noch leben.

	Schloss	**castle**		Königin	**queen**
	Gespenst	**ghost**	Let's talk!	Wo lebst du?	**Where do you live?**
	Kamin	**fireplace**	Let's talk!	Ich lebe in einer Stadt.	**I live in a city.**
	König	**king**	Let's talk!	Ich lebe in einem Dorf.	**I live in a village.**

In the it is quiet again.

The little rests with the

and the in front of the .

Soon the tired falls asleep.

The little dreams:

She dreams about a ,

where the and the are still alive.

Der arme Ritter Eduard

Das kleine zündet ein paar an.

Es nimmt ein und kuschelt sich

in seine . Plötzlich klopft jemand

an die . Es ist der alte Eduard.

Der ist so etwas wie ein . Er spukt aber

nicht gerne im .

	Gespenst	**ghost**			Tür	**door**
	Kerzen	**candles**			Ritter	**knight**
	Buch	**book**		Let's talk!	Ich lese gerade ein Buch.	**I am reading a book.**
	Truhe	**chest**		Let's talk!	Gefällt dir das Buch?	**Do you like the book?**

28

Eduard the poor knight

The little lights a few . She takes

a and snuggles up inside her .

Suddenly someone knocks at the .

It is the old Eduard. He is something like

a , too. But he does not like to haunt

the .

Eduard kommt die hoch.

Er lehnt sein an einen .

Er nimmt seinen ab und setzt sich.

„Was ist los mit dir?",

fragt das kleine .

„Du siehst so traurig aus."

„Ich kann nicht aufhören im zu spuken",

sagt der traurig.

Treppe	**stairs**	Let's talk!	Der Ritter sitzt auf dem Stuhl.	**The knight sits on the chair.**
Schwert	**sword**	Let's talk!	Der Helm ist unter dem Stuhl.	**The helmet is under the chair.**
Stuhl	**chair**			
Helm	**helmet**	Let's talk!	Das Schwert ist hinter dem Stuhl.	**The sword is behind the chair.**

Eduard comes up the .

He leans his against a .

He takes off his and sits down.

"What is the matter with you?"
the little asks.

"You look so sad."

"I can't stop haunting the ,"
the says sadly.

Als der Eduard noch lebte,

beraubte er jedes .

Silberne , und ,

eine funkelnde ,

eine goldene .

Doch jetzt muss Eduard alles zurückgeben.

Erst dann kann er ruhen.

	Messer	**knives**		Kette	**necklace**
	Gabeln	**forks**	Let's talk!	Nimm die Gabel!	**Take the fork!**
	Löffel	**spoons**	Let's talk!	Ich brauche ein Messer.	**I need a knife.**
	Krone	**crown**	Let's talk!	Wo ist der Löffel?	**Where is the spoon?**

When the Eduard was alive,

he robbed every .

He took silver , and ,

and a glittering ,

and a golden .

But now Eduard has to give everything back.

Only then he can rest.

„Hast du nicht alles zurückgegeben?",

fragt das kleine .

Der schüttelt den .

„Ich werde auch nie fertig werden", sagt er.

Eduard stellt einen goldenen auf

den . „Ich kann diesen allerletzten

nicht zurückgeben. Er gehört in ein ,

das es nicht mehr gibt."

	Gespenst	**ghost**		Tisch	**table**
	Ritter	**knight**		Schloss	**castle**
	Kopf	**head**	Let's talk!	Bring mir den Becher!	**Bring me the cup!**
	Becher	**cup**	Let's talk!	Hier ist er.	**Here it is.**

"Have you not given it all back yet?"

the little asks.

The shakes his .

"And I will never manage to," he says.

Eduard puts a golden on the .

"I can't give this last back.

It belongs to a that no longer exists."

Das kleine denkt kurz nach.

Es weiß, wie dem zu helfen ist.

„Vergrab den dort,

wo das war", sagt Gundula.

„So ist er da, wo er hingehört."

	Gespenst	**ghost**	Let's talk!	Wo ist das Gespenst?	**Where is the ghost?**
	Ritter	**knight**	Let's talk!	Es ist im Schloss.	**It is in the castle.**
	Becher	**cup**	Let's talk!	Wo ist der Becher?	**Where is the cup?**
	Schloss	**castle**	Let's talk!	Er ist auf dem Tisch.	**It is on the table.**

The little has a quick think.

She knows how to help the .

"Bury the at the place where

the used to be," Gundula says.

"Then it will be back where it belongs."

„Stimmt!", ruft der .

Er umarmt das kleine .

Dann setzt er seinen auf und läuft los.

Der Eduard vergräbt den und ist erlöst.

Er muss nie wieder im spuken.

Nur sein bleibt zurück.

Und das behält Gundula.

Ritter	**knight**	Schwert	**sword**
Gespenst	**ghost**	*Let's talk!* Hast du den Helm?	**Do you have the helmet?**
Helm	**helmet**	*Let's talk!* Nein, der Ritter hat den Helm.	**No, the knight has the helmet.**
Becher	**cup**	*Let's talk!* Wo ist das Schwert?	**Where is the sword?**

"You are right!" the says.

He gives the little a hug.

Then he puts on his and hurries away.

The Eduard buries the and is free.

He does not have to haunt the anymore.

All that is left is his .

And Gundula keeps it.

Wichtige Tunwörter / Important verbs

to brush one's teeth	sich die Zähne putzen
Gundula **brushes her teeth** every day.	Gundula **putzt sich** jeden Tag **die Zähne**.
I **brush my teeth** every day.	Ich **putze mir** jeden Tag **die Zähne**.
Gundula **is brushing her teeth**.	Gundula **putzt sich** gerade **die Zähne**.
I **am brushing my teeth**.	Ich **putze mir** gerade **die Zähne**.

to count	zählen
Gundula **counts** towers every day.	Gundula **zählt** jeden Tag Türme.
I **count** towers every day.	Ich **zähle** jeden Tag Türme.
Gundula **is counting** towers.	Gundula **zählt** gerade Türme.
I **am counting** towers.	Ich **zähle** gerade Türme.

to eat	essen
Gundula **eats** a biscuit every day.	Gundula **isst** jeden Tag einen Keks.
I **eat** a biscuit every day.	Ich **esse** jeden Tag einen Keks.
Gundula **is eating** a biscuit.	Gundula **isst** gerade einen Keks.
I **am eating** a biscuit.	Ich **esse** gerade einen Keks.

to play dice

	würfeln
Gundula **plays dice** every day.	Gundula **würfelt** jeden Tag.
I **play dice** every day.	Ich **würfele** jeden Tag.
Gundula **is playing dice**.	Gundula **würfelt** gerade.
I **am playing dice**.	Ich **würfele** gerade.

to sit

	sitzen
Gundula **sits** at the table every day.	Gundula **sitzt** jeden Tag am Tisch.
I **sit** at the table every day.	Ich **sitze** jeden Tag am Tisch.
Gundula **is sitting** at the table.	Gundula **sitzt** gerade am Tisch.
I **am sitting** at the table.	Ich **sitze** gerade am Tisch.

to sleep

	schlafen
Gundula **sleeps** in a chest every day.	Gundula **schläft** jeden Tag in einer Truhe.
I **sleep** in a bed every night.	Ich **schlafe** jede Nacht in einem Bett.
Gundula **is sleeping** in a chest.	Gundula **schläft** gerade in einer Truhe.
I **am sleeping** in a bed.	Ich **schlafe** gerade in einem Bett.

Geschichten vom kleinen Indianer

Winnotamis erste Feder

„Heute bekommst du deine erste ",

sagt der große zu Winnotami.

Er zählt auf, was der kleine dafür

tun muss: „Erst schleichst du wie eine

durch den . Sei aber leise!

	Feder	**feather**			Wald	**forest**
	Häuptling	**chief**		Let's talk!	Der Häuptling ist groß.	**The chief is tall.**
	Indianer	**Indian**		Let's talk!	Meine Federn sind rot und schwarz.	**My feathers are red and black.**
	Katze	**cat**		Let's talk!	Sei leise!	**Be quiet!**

Stories about the little Indian
Winnotami's first feather

"Today you will get your first ,"

the big says to Winnotami.

He tells the little everything he has

to do: "First you creep like a

through the . But be quiet!

Dann schwimmst du durch den .

Drüben machst du ein . Mit einem

schießt du einen von einem .

Brate den über dem .

Dann überreiche ich dir deine erste ."

Winnotami schleicht von zu .

Auf und kriecht er durch die

	Fluss	**river**			Baum	**tree**
	Feuer	**fire**			Hände	**hands**
	Pfeil	**arrow**			Füße	**feet**
	Apfel	**apple**			Büsche	**bushes**

Then you swim across the .

On the other side you built a . With

an you shoot an down from a .

Roast the over the . Then I will give

you your first ." Winnotami creeps

from to . On his and his

he creeps through the .

Schon ist er am . Er taucht

bis zum großen . Dort atmet er tief durch.

Wie ein schwimmt er weiter.

Winnotami ist sehr schnell. Als er drüben ist,

sammelt er trockene .

Dann dreht er einen hin und her.

Es knistert und knackt.

Stein	**stone**	Let's talk!	Klatsche in die Hände!	**Clap your hands!**
Fisch	**fish**	Let's talk!	Wie viele Federn hast du?	**How many feathers do you have?**
Blätter	**leaves**	Let's talk!	Ich habe drei Federn.	**I have three feathers.**
Stock	**stick**			

Soon he arrives at the . He dives as

far as the big . There he takes a deep breath.

Like a , he swims on further.

Winnotami is very fast. When he reaches

the other side he gathers some dry .

Then he turns a round and round.

It makes a crackling noise.

Jetzt legt er noch ein paar drauf, und

schon brennt das . Winnotami nimmt

einen , spannt den und

zielt auf den . Der saust

mittendurch. Doch der bleibt

am . Winnotami überlegt,

ob er wohl am schütteln darf.

	Äste	**twigs**	Let's talk!	Gib mir ein paar Pfeile!	**Give me a few arrows!**
	Feuer	**fire**	Let's talk!	Der Apfel hängt noch am Baum.	**The apple is still hanging on the tree.**
	Pfeil	**arrow**	Let's talk!	Winnotami mag Pfeil und Bogen.	**Winnotami likes bow and arrow.**
	Bogen	**bow**			

He puts a few on top, and then

his is ready. Winnotami takes an ,

tightens his and aims at the .

The goes right through the middle

of it. But the stays up on the .

Winnotami wonders whether he is allowed

to shake the .

Verboten hat es der nicht.

Doch dann plumpst der ins .

Winnotami hat es geschafft.

Der überreicht ihm

seine erste .

Winnotami ist sehr stolz.

	Häuptling	**chief**	Let's talk!	Hallo, guten Morgen!	**Hello, good morning!**
	Apfel	**apple**	Let's talk!	Mein Name ist Kikuma.	**My name is Kikuma.**
	Gras	**grass**	Let's talk!	Wie ist dein Name?	**What is your name?**
	Feder	**feather**	Let's talk!	Ich bin acht Jahre alt.	**I am eight years old.**

The did not forbid it.

But then suddenly the falls into the .

Winnotami has done it!

The presents him

his first .

Winnotami is very proud.

Kikumas Geschenk

Winnotami spitzt die . Es schleicht

jemand um sein . Er springt auf,

um nachzusehen. Es ist Kikuma. „Warum

schleichst du so?", fragt Winnotami

das . Kikuma zeigt ihm zwei neue .

	Ohren	**ears**	Let's talk! Die Katze schleicht.	**The cat creeps.**
	Zelt	**tepee**	Let's talk! Ich habe neue Mokassins.	**I have new moccasins.**
	Indianer-mädchen	**Indian girl**	Let's talk! Die neuen Mokassins sind schön.	**The new moccasins are beautiful.**
	Mokassins	**moccasins**		

Kikuma's present

Winnotami pricks up his . Someone is

creeping around his . He gets up

to have a look. It is Kikuma. "Why are you

creeping around like that?" Winnotami asks

the . Kikuma shows him two new .

„Sind diese für mich?", fragt der

kleine . Kikuma nickt. „Selbst gemacht",

sagt sie. Winnotami zieht seine alten

aus und zieht die neuen an. „Sie passen!",

ruft der kleine .

„Danke! Versprich mir, dass du heute nicht

mehr in mein kommst!"

Mokassins	**moccasins**	Let's talk!	Ich ziehe jeden Abend meine Mokassins aus.	**I take off my moccasins every evening.**
Indianer	**Indian**	Let's talk!	Zieh deine Mokassins aus!	**Take off your moccasins!**
Zelt	**tepee**	Let's talk!	Wo ist mein Geschenk?	**Where is my present?**
Let's talk! Vielen Dank!	**Thank you very much.**			

"Are these 🥿🥿 for me?" the little asks.

Kikuma nods. "I made them myself," she says.

Winnotami takes off his old 🥿🥿 and puts on

the new ones. "They fit!" the little 🧍 cries.

"Thank you very much. Promise that you will

not come into my ⛺ today!"

„Warum?", fragt Kikuma.

„Ich will dich überraschen",

sagt der kleine und

geht in sein . Er nimmt

einen und macht eine daraus.

Mit seinem schneidet er

das für einen .

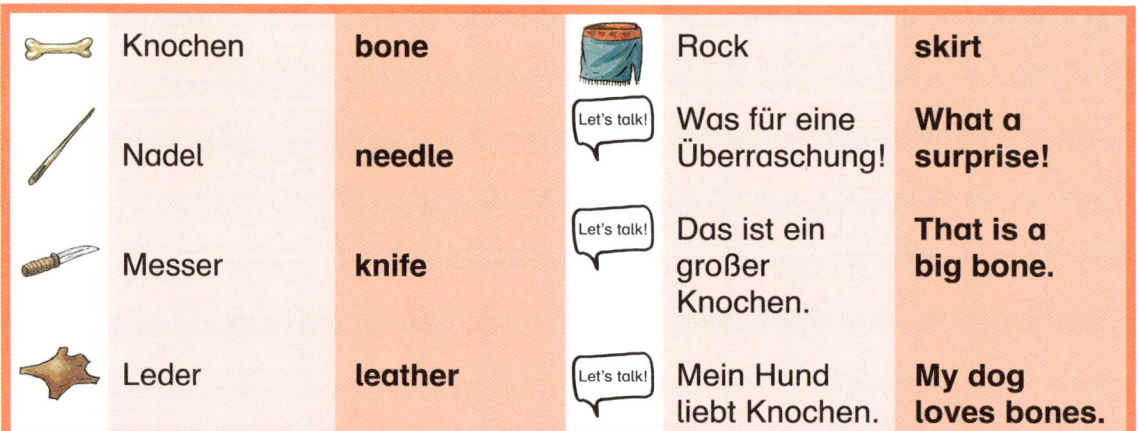

"Why?" Kikuma asks.

"I want to surprise you,"

the little says and

goes back inside his . He takes

a and makes a from it.

Then he takes his and cuts

some to make a .

Immer wieder sticht sich der kleine

mit der in die .

Abends gibt er Kikuma den .

„Der ist aber schön!", sagt Kikuma.

„Danke", sagt Winnotami.

Er ist verlegen und versteckt seine .

Bis auf seinen rechten ist nämlich

jeder verbunden.

	Finger	**fingers**		Finger	**finger**	
	Rock	**skirt**	Let's talk!	Zeig mir deine Finger!	**Show me your fingers!**	
	Arme	**arms**	Let's talk!	Ich habe zehn Finger.	**I have ten fingers.**	
	Daumen	**thumb**				

The little keeps on pricking

his with the ——.

In the evening he gives Kikuma the .

"It is really beautiful!" Kikuma says.

„Thank you", Winnotami says.

He is embarrassed and hides his .

Apart from his right ,

every has got a bandage on it.

Wichtige Tunwörter / Important verbs

to count	zählen
The little Indian **counts** the buffaloes every day.	Der kleine Indianer **zählt** jeden Tag die Büffel.
I **count** the buffaloes every day.	Ich **zähle** jeden Tag die Büffel.
The little Indian **is counting** the buffaloes.	Der kleine Indianer **zählt** gerade die Büffel.
I **am counting** the buffaloes.	Ich **zähle** gerade die Büffel.

to dance	tanzen
The little Indian **dances** every evening.	Der kleine Indianer **tanzt** jeden Abend.
I **dance** every evening.	Ich **tanze** jeden Abend.
The little Indian **is dancing**.	Der kleine Indianer **tanzt** gerade.
I **am dancing**.	Ich **tanze** gerade.

to drink	drinken
The little Indian **drinks** milk every morning.	Der kleine Indianer **trinkt** jeden Morgen Milch.
I **drink** milk every morning.	Ich **trinke** jeden Morgen Milch.
The little Indian **is drinking** milk.	Der kleine Indianer **trinkt** gerade Milch.
I **am drinking** milk.	Ich **trinke** gerade Milch.

to eat — essen

The little Indian **eats** an apple every day.	Der kleine Indianer **isst** jeden Tag einen Apfel.
I **eat** an apple every day.	Ich **esse** jeden Tag einen Apfel.
The little Indian **is eating** an apple.	Der kleine Indianer **isst** gerade einen Apfel.
I **am eating** an apple.	Ich **esse** gerade einen Apfel.

to put on — anziehen

The little Indian **puts on** his shoes every morning.	Der kleine Indianer **zieht** jeden Morgen seine Schuhe **an**.
I **put on** my shoes every morning.	Ich **ziehe** jeden Morgen meine Schuhe **an**.
The little Indian **is putting on** his shoes.	Der kleine Indianer **zieht** gerade seine Schuhe **an**.
I **am putting on** my shoes.	Ich **ziehe** gerade meine Schuhe **an**.

to watch — beobachten

The little Indian **watches** the sky every day.	Der kleine Indianer **beobachtet** jeden Tag den Himmel.
I **watch** the sky every day.	Ich **beobachte** jeden Tag den Himmel.
The little Indian **is watching** the sky.	Der kleine Indianer **beobachtet** gerade den Himmel.
I **am watching** the sky.	Ich **beobachte** gerade den Himmel.

Geschichten vom kleinen Zauberer

Ein seltsamer Tag

„Kikeriki!", kräht der neben Oskars .

Der kleine mag nicht aufstehen.

„Sei still", sagt er zu

seinem gefiederten .

„Kikeriki!", kräht der erneut.

„Wenn's denn sein muss", grummelt Oskar.

	Hahn	**cock**	Let's talk! Guten Morgen!	**Good morning!**
	Bett	**bed**	Let's talk! Wann stehst du morgens auf?	**When do you get up in the morning?**
	Zauberer	**wizard**	Let's talk! Ich stehe um sieben Uhr auf.	**I get up at seven o'clock.**
	Wecker	**alarm clock**		

Stories about the little wizard

A strange day

"Cockadoodledoo," the crows

next to Oscar's .

The little doesn't want to get up.

"Be quiet," he says to his feathered .

"Cockadoodledoo," the crows again.

"Well, if it's absolutely necessary," Oskar mumbles.

Der kleine 🧙 steht auf.

Er richtet seinen 🪄 auf den 🐓 .

„Stumpfes 🔪 , krumme 🍴 ,

doofer ⏰ , halt den 👄 !"

„Ikirekik!", kräht der 🐓 .

„Wieso krähst du rückwärts?",

fragt der kleine 🧙 verwundert.

Doch jetzt bleibt der 🐓 stumm.

🧙	Zauberer	**wizard**		🍴	Gabel	**fork**
🪄	Zauberstab	**magic wand**		⏰	Wecker	**alarm clock**
🐓	Hahn	**cock**		👄	Schnabel	**beak**
🔪	Messer	**knife**				

The little gets up.

He points his at the .

"The is blunt, the is crooked,

shut your , stupid."

"Oodeldoodackoc," the crows.

"Why do you crow backwards?"

the little asks amazed.

But now the is silent.

„Saure [Gurke], faules [Ei], was ich brauch,

sofort herbei!", befiehlt Oskar. Er winkt

mit dem [Zauberstab] zum [Stuhl] hinüber.

Sofort schweben seine [Hose], sein [Umhang]

und seine [Socken] herbei.

Der [Umhang] wickelt sich um seine [Füße].

Die [Socken] wollen seine [Hände] wärmen.

![Gurke]	Gurke	**cucumber**		![Umhang]	Umhang	**cape**
![Ei]	Ei	**egg**		![Socken]	Socken	**socks**
![Stuhl]	Stuhl	**chair**		![Füße]	Füße	**feet**
![Hose]	Hose	**trousers**		![Hände]	Hände	**hands**

"Pickled , rotten ◯, what I need,

come here, I beg!" Oskar orders. He points

his 🪄 at the 🪑 . His 👖 , his 🧣

and his 🧦🧦 float over at once.

The 🧣 wraps around his 👣 .

The 🧦🧦 want to warm his 🖐️🖐️ .

Die landet genau auf Oskars

wie eine .

Langsam zieht sich der kleine richtig an.

„ als ", sagt Oskar verwundert.

Er nimmt eine und gießt sich ein.

Er will sich nicht den verbrennen,

deshalb zeigt er mit dem auf die .

„Viel zu heiß, kalt wie ."

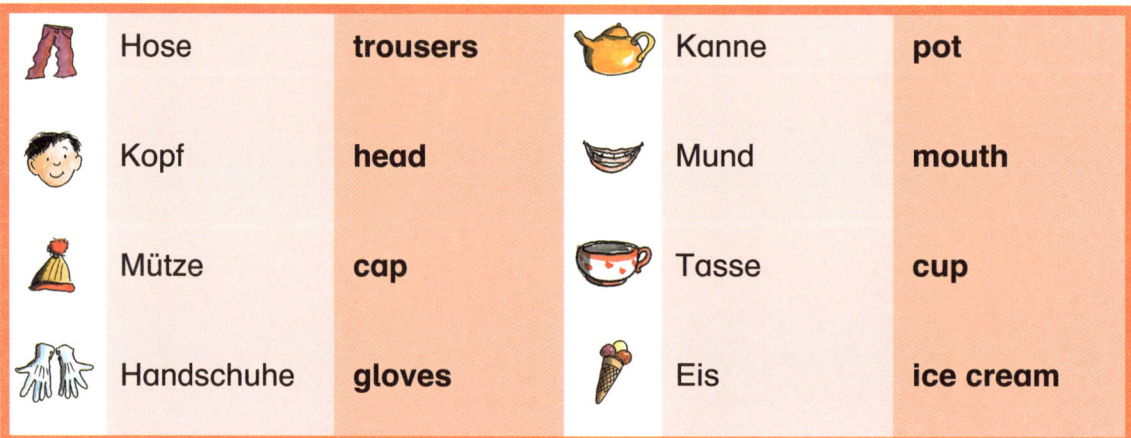

	Hose	trousers		Kanne	pot
	Kopf	head		Mund	mouth
	Mütze	cap		Tasse	cup
	Handschuhe	gloves		Eis	ice cream

The 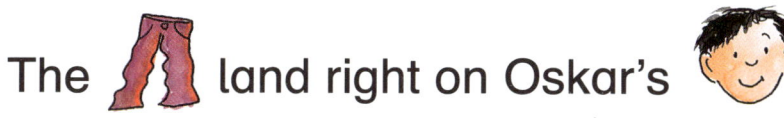 land right on Oskar's

like a . Slowly the little puts on

everything correctly.

" as ," Oskar says amazed.

He takes a and pours it.

He doesn't want to burn his .

So he points the at the .

"Much too hot, cold as ."

In der blubbert und brodelt es.

„Wieso geht heute alles schief?"

Ratlos blickt Oskar auf seinen .

Endlich fällt dem kleinen auf,

dass er seinen verkehrt herum hält.

Deshalb zaubert er heute alles verkehrt!

	Tasse	**cup**	Let's talk!	Nein, der Zauberer trägt keine Schuhe.	**No, the wizard doesn't wear shoes.**
	Zauberstab	**magic wand**			
	Zauberer	**wizard**	Let's talk!	Ist das ein Hut?	**Is this a hat?**
Let's talk!	Trägt der Zauberer Schuhe?	**Does the wizard wear shoes?**	Let's talk!	Nein, es sind Hosen.	**No, these are trousers.**

The swirls and bubbles.

"Why is everything going wrong today?"

Oskar looks helplessly at his   .

Finally the little   realizes

that he is holding his   at the wrong end.

That's why his magic is going wrong today!

Oskar rettet die Hexe

Oskar, der kleine , trifft im

die Hortense. Sie sammelt .

„Wozu brauchst du die ?", fragt Oskar.

„Ich will hexen. Ich brauche neue ",

antwortet die .

„Aber die sind giftig", sagt Oskar.

	Wald	**forest**	Let's talk!	Die Hexe will zaubern.	**The witch wants to do magic.**
	Hexe	**witch**	Let's talk!	Die Hexe braucht Pilze.	**The witch needs mushrooms.**
	Pilze	**mushrooms**			
	Zähne	**teeth**			

Oskar saves the witch

Oskar, the little , meets Hortense

the in the . She is collecting .

"Why do you need these ?" Oskar asks.

"I want to hex. I need new ,"

the answers.

"But these are poisonous," Oskar says.

„Ich brauche sie trotzdem", antwortet

die . „Und dann?", fragt der kleine

weiter. „Frag nicht so viel, oder ich hexe

dir ein an deinen ."

„Wer nicht fragt, bleibt dumm", erwidert Oskar.

Die stöhnt. „Oskar, wenn ich einen

einzigen vergesse,

verwandle ich mich in eine ."

			Let's talk!	Zähle bis 10!	Count to ten!
	Schloss	**lock**		1	**one**
				2	**two**
	Mund	**mouth**		3	**three**
				4	**four**
				5	**five**
	Pilz	**mushroom**		6	**six**
				7	**seven**
				8	**eight**
	Kröte	**toad**		9	**nine**
				10	**ten**

"I need them anyway," the answers.

"And then?" the little asks.

"Don't ask so many questions or

I will hex a on your ."

"Not asking questions keeps you stupid,"

Oskar replies.

The groans . "Oskar, if I forget

a single , I will change into a ."

Beleidigt macht sich der kleine auf

den . Bald saust die auf

ihrem davon. Die biegen sich.

Plumps, fällt ein aus Hortenses .

So schnell er kann, rennt Oskar zum

der . An der hängt ein .

„Wer stört, wird in eine verwandelt."

	Weg	**way**		Haus	**house**
	Besen	**broomstick**		Tür	**door**
	Bäume	**trees**		Zettel	**note**
	Korb	**basket**		Fliege	**fly**

The little goes down his in a huff.

Soon the sweeps away on her .

The bend. Bump, a falls out

of Hortense's . Oskar runs

to the of the as fast as he can.

There is a on the . "Anyone who

bothers me will be turned into a ."

Der kleine zögert.

„Ich will probieren", murmelt die drinnen.

„Hortense! Nicht!", ruft Oskar

und reißt die auf.

„Willst du, dass ich mich in eine

verwandle?", kreischt die .

„Nein", sagt der kleine und gibt ihr

den letzten .

Let's talk! Wo ist die Hexe?	**Where is the witch?**	Let's talk! Der Zauberer ist vor der Tür.	**The wizard is in front of the door.**
Let's talk! Die Hexe ist im Haus.	**The witch is in the house.**	Let's talk! Was gibt der Zauberer der Hexe?	**What does the wizard give to the witch?**
Let's talk! Wo ist der Zauberer?	**Where is the wizard?**		
		Let's talk! Er gibt ihr einen Pilz.	**He gives her a mushroom.**

The little hesitates.

"I want to try," the mumbles inside.

"Hortense! Don't!" Oskar shouts

and flings open the .

"Do you want me to change into a ?"

the shrieks.

"No," the little replies and gives her

the last .

Die wird blass. Hastig wirft sie den

in den großen auf ihrem .

Mit der rührt sie um. Sie füllt einen

und trinkt. Schon hat sie strahlend weiße

im . „Danke, Oskar", sagt die . „Ohne

dich hätte ich mich in eine verwandelt."

„Siehst du", sagt der kleine . „Fragen

kann eben doch nie schaden."

	Kessel	**pot**		Mund	**mouth**
	Herd	**stove**	Let's talk!	Danke!	**Thank you!**
	Suppenkelle	**ladle**	Let's talk!	Gern geschehen!	**You're welcome!**
	Becher	**cup**	Let's talk!	Entschuldige bitte!	**Excuse me, please!**

The turns pale. Hastily, she throws

the into the big on her .

She stirs with a , then she fills a and

drinks from it. Now she has got bright white

in her . "Thank you, Oskar," the says.

"Without you I would have changed into

a ." – "You see? Asking questions can't

be bad!" the little says.

Wichtige Tunwörter/Important verbs

to wear	tragen (anhaben)
The wizard **wears** trousers every day.	Der Zauberer **trägt** jeden Tag Hosen.
I **wear** trousers every day.	Ich **trage** jeden Tag Hosen.
The wizard **is wearing** trousers today.	Der Zauberer **trägt** heute Hosen.
I **am wearing** trousers today.	Ich **trage** heute Hosen.

to open	öffnen
The wizard **opens** the door every morning.	Der Zauberer **öffnet** jeden Morgen die Tür.
I **open** the door every morning.	Ich **öffne** jeden Morgen die Tür.
The wizard **is opening** the door at the moment.	Der Zauberer **öffnet** gerade die Tür.
I **am opening** the door at the moment.	Ich **öffne** gerade die Tür.

to close	schließen
The wizard **closes** the door every evening.	Der Zauberer **schließt** jeden Abend die Tür.
I **close** the door every evening.	Ich **schließe** jeden Abend die Tür.
The wizard **is closing** the door at the moment.	Der Zauberer **schließt** gerade die Tür.
I **am closing** the door at the moment.	Ich **schließe** gerade die Tür.

to get up	**aufstehen**
The wizard **gets up** at seven o'clock every day.	Der Zauberer **steht** jeden Tag um sieben Uhr **auf.**
I **get up** at seven o'clock every day.	Ich **stehe** jeden Tag um sieben Uhr **auf.**
The wizard **is getting up** at the moment.	Der Zauberer **steht** gerade **auf.**
I **am getting up** at the moment.	Ich **stehe** gerade **auf.**
to get dressed	**sich anziehen**
The wizard **gets dressed** at eight o'clock every morning.	Der Zauberer **zieht** sich jeden Morgen um acht Uhr **an.**
I **get dressed** at eight o'clock every morning.	Ich **ziehe** mich jeden Morgen um acht Uhr **an.**
The wizard **is getting dressed** at the moment.	Der Zauberer **zieht** sich gerade **an.**
I **am getting dressed** at the moment.	Ich **ziehe** mich gerade **an.**
to drink	**trinken**
The wizard **drinks** tea every day.	Der Zauberer **trinkt** jeden Tag Tee.
I **drink** tea every day.	Ich **trinke** jeden Tag Tee.
The wizard **is drinking** tea at the moment.	Der Zauberer **trinkt** gerade Tee.
I **am drinking** tea at the moment.	Ich **trinke** gerade Tee.

Geschichten aus der Schule

Der erste Schultag

Gespannt sitzen die auf ihren .

Jedes hat eine bunte und

eine neue . Da ist alles drin,

was man in der braucht.

Die schauen zur .

Wer wird ihre sein?

	Kinder	**children**		Schultasche	**schoolbag**
	Stühle	**chairs**		Schule	**school**
	Kind	**child**		Tür	**door**
	Schultüte	**sugar bag**		Lehrerin	**teacher**

Stories about school

The first day at school

The sit on their ⬛ excitedly.

Every 🧒 has got a coloured 🎁 and

a new 🎒. Inside is everything

you need at 🏫.

The 👫 look at the 🚪.

Who will be their 🧑 ?

Plötzlich geht die auf. Die

kommt herein. „Hallo, !", sagt die .

Sie ist nicht sehr groß. Sie trägt einen

bunten und hält eine in der .

Sie trägt eine und sieht fröhlich aus.

 „Ich bin eure . Wollt ihr raten,

wie ich heiße?", fragt sie.

Die rufen: „Ja!"

	Lehrerin	**teacher**		Brille	**glasses**
	Rucksack	**rucksack**	Let's talk!	Guten Morgen, Kinder!	**Good morning, children!**
	Gitarre	**guitar**	Let's talk!	Wie heißt du?	**What's your name?**
	Hand	**hand**	Let's talk!	Ich heiße Tim.	**My name is Tim.**

Suddenly the opens. The comes in.

"Hello, !" the says. She isn't very tall.

She is carrying a coloured

and holding a in her .

She wears and she looks cheerful.

"I am your . Do you want to guess

my name?" she asks. The shout: "Yes!"

Die lustige nimmt eine und

malt einen großen an die .

„Heißt du vielleicht ?", fragt Ines.

„Nein", sagt die lustige und malt weiter.

Zwei kleine für die ,

ein schmales für die und

einen großen, lustigen .

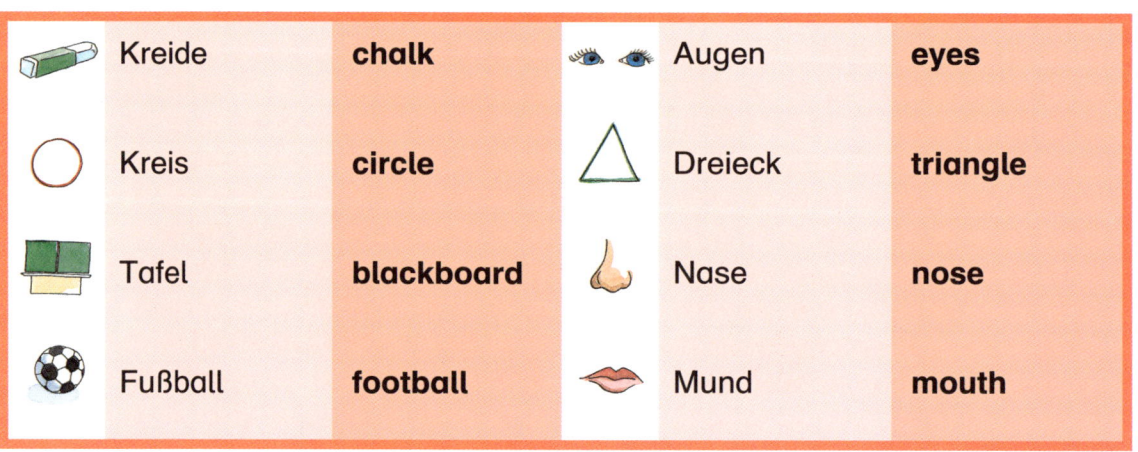

	Kreide	chalk		Augen	eyes
	Kreis	circle		Dreieck	triangle
	Tafel	blackboard		Nase	nose
	Fußball	football		Mund	mouth

The funny takes a piece of

and draws a big ◯ on the .

"Is your name ⚽ ?" Ines asks.

"No," the funny 🧍 says

and she continues drawing.

She draws two little ◯◯ for the 👁 👁 ,

a small △ for the 👃 and a big funny 👄 .

„Heißt du ?", fragt Anusch.

Die lustige schüttelt den

und lacht.

„Frau Lustig", schlägt Max vor.

„Fast, gleich habt ihr es!",

ruft die lustige .

„Heißt du vielleicht Frau Fröhlich?",

fragt Kathi.

	Strich-männchen	**matchstick man**	Let's talk!	Das ist Kathi.	**This is Kathi.**
	Lehrerin	**teacher**	Let's talk!	Wie alt bist du?	**How old are you?**
	Kopf	**head**	Let's talk!	Ich bin acht Jahre alt.	**I'm eight years old.**
Let's talk!	Mein Name ist Max.	**My name is Max.**			

"Is your name ?" Anusch asks.

The funny shakes her

and smiles.

"Mrs Funny," Max suggests.

"You almost got it!" the funny shouts.

"Is your name Mrs Jolly?" Kathi asks.

„Gut geraten", sagt Frau Fröhlich.

Dann nimmt sie ihre

und spielt den ein Lied vor.

Die sind froh, dass sie so eine

lustige haben.

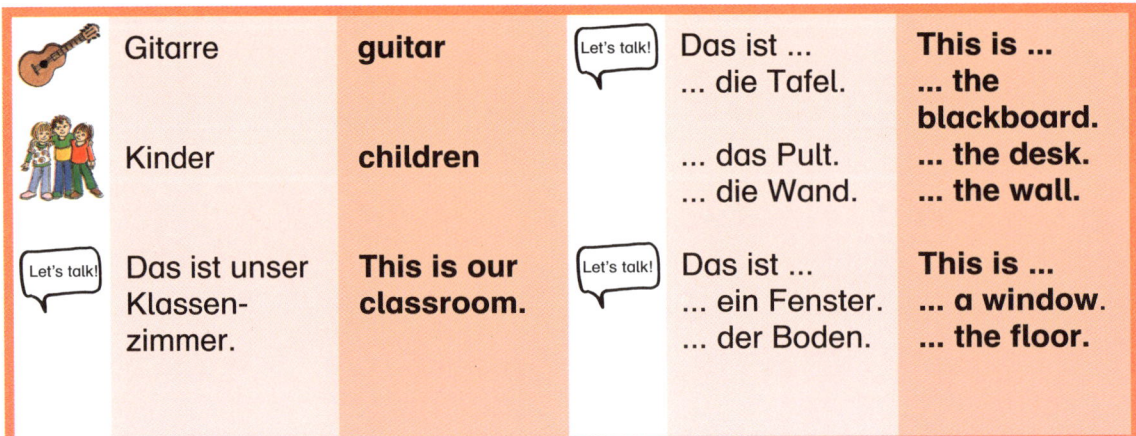

	Gitarre	**guitar**	Let's talk!	Das ist ... ... die Tafel.	**This is ... ... the blackboard.**
	Kinder	**children**		... das Pult. ... die Wand.	**... the desk. ... the wall.**
Let's talk!	Das ist unser Klassen- zimmer.	**This is our classroom.**	Let's talk!	Das ist ... ... ein Fenster. ... der Boden.	**This is ... ... a window. ... the floor.**

"That's right!" Mrs Jolly says.

Then she takes her

and plays a song to the .

They are glad to have

such a funny .

Willi muss ins Krankenhaus

Max wirft den nassen nach Willi.

Er trifft aber Kathi. Die läutet.

Die rennen herum.

Wo bleibt nur Frau Fröhlich? Sie ist sonst

immer pünktlich. Goran stürzt herein und

schlägt die ⟨Tür⟩ zu. „Sie kommt!", ruft er.

🟫	Schwamm	**sponge**	Let's talk!	Entschuldige bitte!	**Excuse me!**
🔔	Schulglocke	**schoolbell**	Let's talk!	Ich bin zu spät.	**I am late.**
👨‍👧‍👦	Kinder	**children**	Let's talk!	Ich bin zu früh.	**I am early.**
🚪	Tür	**door**	Let's talk!	Ich bin pünktlich.	**I am on time.**

Willi has to go to hospital

Max throws the wet at Willi.

But it hits Kathi. Then the rings.

The are running about.

Where is Mrs Jolly? She is usually on time.

Goran bursts into the room and slams the .

"She is coming!" he shouts.

Willi rennt schnell zu seinem .

Er stolpert über seine .

Alle und fallen heraus.

Auch das und das .

Willi fällt. „Aua, mein !", schreit er.

Die lustige kommt herein.

Sie kümmert sich sofort um Willi

und schaut sich seinen an.

	Schultisch	**desk**		Lineal	**ruler**
	Schultasche	**schoolbag**		Mäppchen	**pencil-case**
	Hefte	**exercise books**		Arm	**arm**
	Bücher	**books**		Lehrerin	**teacher**

Willi runs to his quickly.

He trips over his .

All his and fall out.

Even the and the .

Willi falls down. "Ouch, my !" he cries.

The funny comes in. She looks after

Willi at once and examines his .

„Ich glaube, dein ist gebrochen", sagt sie.

Willi fängt an zu weinen.

„Jana, lauf schnell zum . Wähl 112,

und ruf einen ", sagt Frau Fröhlich.

Sie streicht Willi tröstend über den .

Wenig später wird Willi auf einer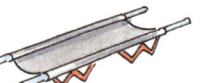

hinausgebracht.

„Wir werden dich besuchen!", ruft Max.

	Telefon	**telephone**	Let's talk!	Wie geht es dir?	**How are you?**
	Kranken-wagen	**ambulance**	Let's talk!	Mir geht es gut.	**I'm fine.**
	Kopf	**head**	Let's talk!	Tut dein Bauch weh?	**Have you got a stomach-ache?**
	Trage	**stretcher**	Let's talk!	Mein Arm tut weh.	**My arm hurts.**

"I think your is broken," she says.

Willi starts to cry.

"Jana, run to the quickly! Dial 112

and call an !" Mrs Jolly says.

She strokes Willi's to comfort him.

Later they take Willi away on a .

"We will visit you!" Max shouts.

Am nächsten Tag bringt jedes eine

mit. Die besuchen Willi

mit einem im .

Willi liegt im . Sein tut

überhaupt nicht mehr weh. Er hat einen

bekommen. Damit Willi nichts verpasst,

unterrichtet Frau Fröhlich im .

	Kind	**child**		Bett	**bed**
	Blume	**flower**		Gipsarm	**arm in plaster**
	Blumenstrauß	**bunch of flowers**	Let's talk!	Willi ist krank.	**Willi is ill.**
	Krankenhaus	**hospital**	Let's talk!	Sein Kopf tut weh.	**He has got a headache.**

The next day every brings a .

The visit Willi

with a at the .

Willi is lying in . His doesn't

hurt anymore. He has got his .

Mrs Jolly teaches at the

so that Willi doesn't miss out on .

Alle lachen darüber.

Nur die und der sagen,

dass ein keine 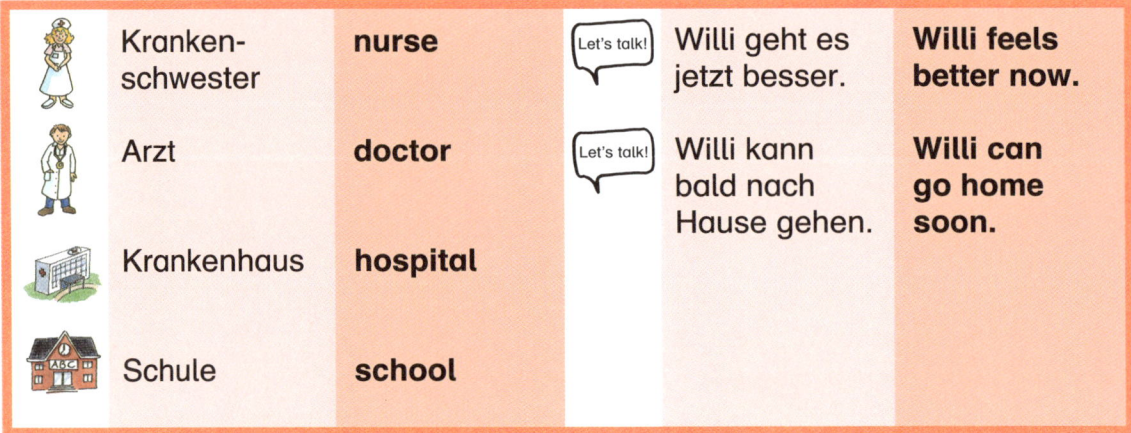 ist.

Aber morgen darf Willi

wieder zur gehen.

	Kranken-schwester	**nurse**	Let's talk!	Willi geht es jetzt besser.	**Willi feels better now.**
	Arzt	**doctor**	Let's talk!	Willi kann bald nach Hause gehen.	**Willi can go home soon.**
	Krankenhaus	**hospital**			
	Schule	**school**			

All laugh about it.

But the and the say

that the is not a ▢ .

But tomorrow, Willi can go back

to ▢ again.

Wichtige Tunwörter / Important verbs

to open — öffnen

The teacher **opens** the door every morning.	Die Lehrerin **öffnet** jeden Morgen die Tür.
I **open** the door every morning.	Ich **öffne** jeden Morgen die Tür.
The teacher **is opening** the door at the moment.	Die Lehrerin **öffnet** gerade die Tür.
I **am opening** the door at the moment.	Ich **öffne** gerade die Tür.

to close — schließen

The teacher **closes** the door every afternoon.	Die Lehrerin **schließt** jeden Nachmittag die Tür.
I **close** the door every afternoon.	Ich **schließe** jeden Nachmittag die Tür.
The teacher **is closing** the door at the moment.	Die Lehrerin **schließt** gerade die Tür.
I **am closing** the door at the moment.	Ich **schließe** gerade die Tür.

to count — zählen

The teacher **counts** to ten every day.	Die Lehrerin **zählt** jeden Tag bis zehn.
I **count** to ten every day.	Ich **zähle** jeden Tag bis zehn.
The teacher **is counting** to ten at the moment.	Die Lehrerin **zählt** gerade bis zehn.
I **am counting** to ten at the moment.	Ich **zähle** gerade bis zehn.

to sing	singen
The teacher **sings** a song every morning.	Die Lehrerin **singt** jeden Morgen ein Lied.
I **sing** a song every morning.	Ich **singe** jeden Morgen ein Lied.
The teacher **is singing** a song at the moment.	Die Lehrerin **singt** gerade ein Lied.
I **am singing** a song at the moment.	Ich **singe** gerade ein Lied.

to play	spielen
The teacher **plays** the guitar every day.	Die Lehrerin **spielt** jeden Tag Gitarre.
I **play** the guitar eyery day.	Ich **spiele** jeden Tag Gitarre.
The teacher **is playing** the guitar at the moment.	Die Lehrerin **spielt** gerade Gitarre.
I **am playing** the guitar at the moment.	Ich **spiele** gerade Gitarre.

to show	zeigen
The teacher **shows** us a picture every morning.	Die Lehrerin **zeigt** uns jeden Morgen ein Bild.
I **show** you a picture every morning.	Ich **zeige** euch jeden Morgen ein Bild.
The teacher **is showing** us a picture at the moment.	Die Lehrerin **zeigt** uns gerade ein Bild.
I **am showing** you a picture at the moment.	Ich **zeige** euch gerade ein Bild.

Eine Geschichte von der Uhr

Ein Tag mit Max

Jeden Morgen klingelt der um .

Mama steht auf und geht unter die .

Dann weckt sie Max.

Er zieht sein und seine an.

Papa deckt den .

„Hm, frische ", sagt Max.

	Wecker	**alarm clock**	Hose	**trousers**
	sieben Uhr	**seven o'clock**	Tisch	**table**
	Dusche	**shower**	Brötchen	**rolls**
	Hemd	**shirt**	Let's talk! Wann stehst du morgens auf?	**What time do you get up in the morning?**

A story about the clock
A day with Max

Every morning the rings at .

Mummy gets up and takes a .

Then she wakes up Max.

He puts on his and his .

Daddy lays the .

"Yummy, fresh ," Max says.

Um bringt Papa Max

in den .

Bis spielen die ,

was sie wollen.

Um bringt der

frische .

Bis sind die

auf dem .

108

At Daddy takes Max

to the . Until the play

whatever they want.

At the brings

fresh .

Until

the are in the .

„Hallo, Max!", ruft Mama.

Sie holt Max um ab.

Dann fahren sie heim.

Mama brät und .

Sie essen um .

Um legt sich Max ins

und schläft bis um .

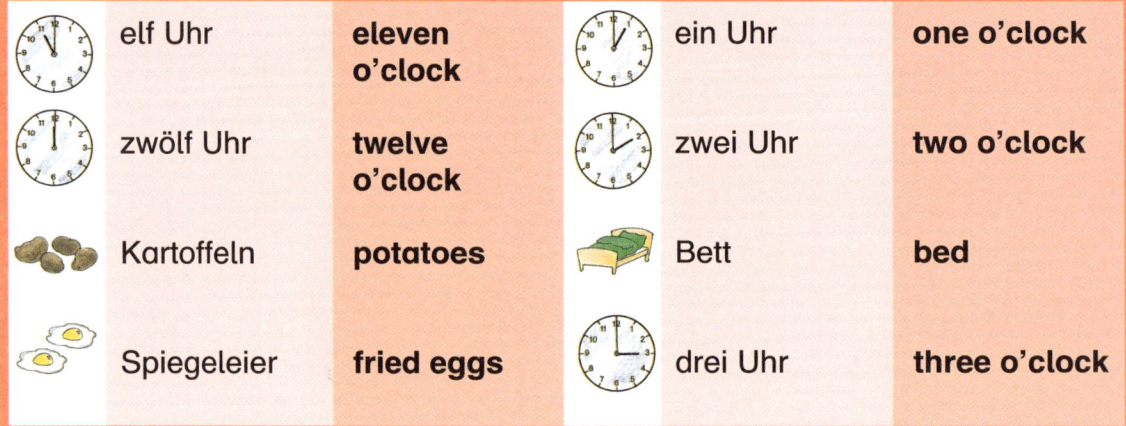

"Hello, Max!" Mummy shouts.

She picks up Max at .

Then they drive home.

Mummy fries and .

They have lunch at .

Max goes to at

and sleeps until .

Danach geht Max in den

und spielt mit Sabine.

Um regnet es.

„Dann spielen wir drinnen",

sagt Max.

Sie legen zusammen ein .

	Garten	**garden**	Let's talk!	Wann gehst du zur Schule?	**What time do you go to school?**
	vier Uhr	**four o'clock**	Let's talk!	Ich gehe morgens zur Schule.	**I go to school in the morning.**
	Puzzle	**jigsaw**	Let's talk!	Was machst du nachmittags?	**What do you do in the afternoon?**

Afterwards Max goes to the

and plays with Sabine.

At it starts to rain.

"Let's play inside instead,"

Max says.

They do a together.

„Ich gehe einkaufen. Kommst du mit?",

fragt Papa um .

Sie kaufen , und .

Um abends

essen sie , , und .

Um wäscht sich Max

und putzt seine .

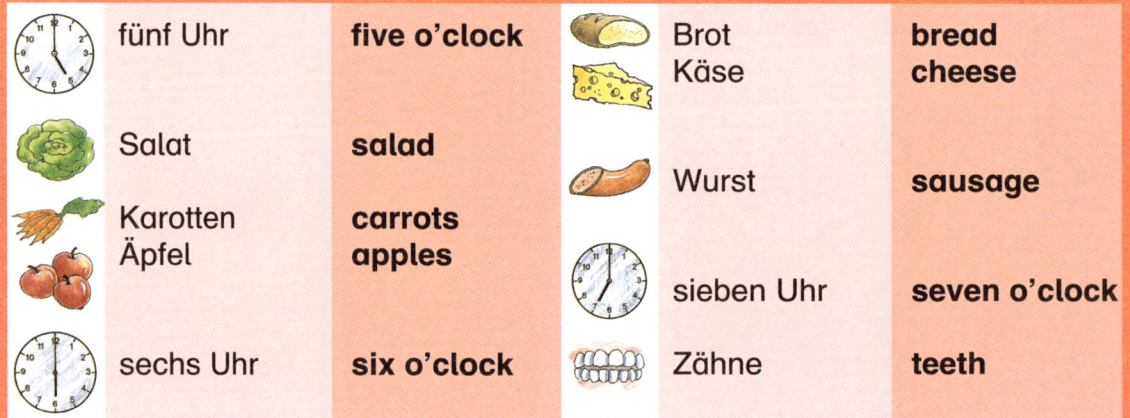

	fünf Uhr	**five o'clock**		Brot		**bread**
				Käse		**cheese**
	Salat	**salad**				
	Karotten	**carrots**		Wurst		**sausage**
	Äpfel	**apples**		sieben Uhr		**seven o'clock**
	sechs Uhr	**six o'clock**		Zähne		**teeth**

"I go shopping. Do you come with me?"

Daddy asks at .

They buy , and .

At in the evening

they eat , , and .

At Max washes himself,

and brushes his .

Abends sitzt Papa bis um

auf dem und liest Max

ein vor. „Schlaft gut",

sagt Max zu Mama und Papa.

Dann knipst er die aus.

Um ist Max schon eingeschlafen,

und um gehen

Mama und Papa ins .

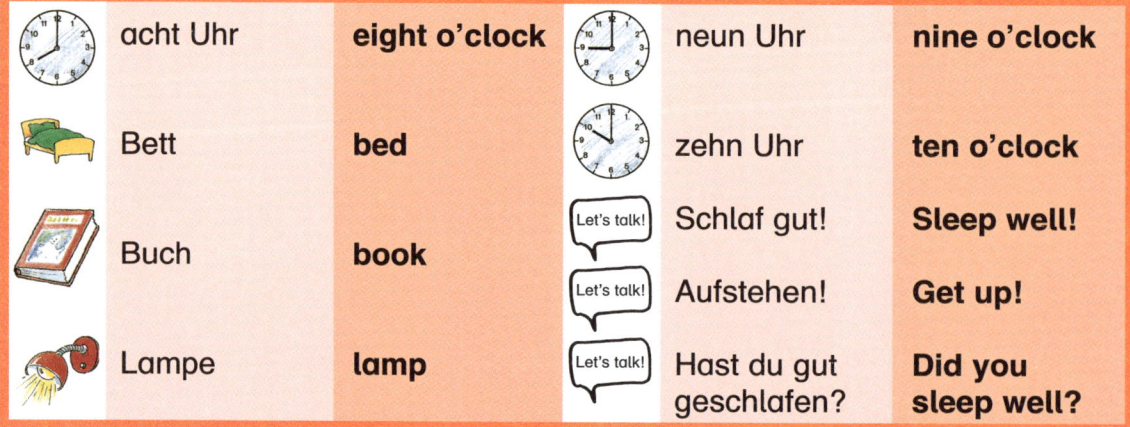

	acht Uhr	**eight o'clock**		neun Uhr	**nine o'clock**
	Bett	**bed**		zehn Uhr	**ten o'clock**
	Buch	**book**	Let's talk!	Schlaf gut!	**Sleep well!**
			Let's talk!	Aufstehen!	**Get up!**
	Lampe	**lamp**	Let's talk!	Hast du gut geschlafen?	**Did you sleep well?**

Every evening Daddy sits

at the until and reads

a to Max. "Sleep well,"

Max says to Mummy and Daddy.

Then he switches off the .

At Max is already asleep,

and Mummy and Daddy

go to at .

Um ist es still im .

Um fährt

die letzte vorüber.

Um scheint der

zum herein.

Der läuft bis um

in seinem .

Dann ist auch er müde.

	Haus	**house**			Hamster	**hamster**
					Käfig	**cage**
	Straßenbahn	**tram**		Let's talk!	Was machst du abends?	**What do you do in the evening?**
	Fenster	**window**				
	Mond	**moon**		Let's talk!	Ich gehe jeden Abend um acht Uhr ins Bett.	**I go to bed at eight o'clock every evening.**

At it is quiet in the .

The last

passes by at .

At the

shines through the .

The runs around

in his until .

Then he is tired, too.

Zwischen und

passiert nichts.

Um bellt ein ,

und um steckt eine

die in den .

Und um klingelt wieder der .

„Aufstehen, Max!"

	Hund	**dog**	Let's talk!	Was passiert in der Nacht?	**What happens at night?**
	Frau	**woman**	Let's talk!	Der Mond scheint.	**The moon shines.**
	Zeitung	**newspaper**	Let's talk!	Der Hund bellt.	**The dog barks.**
	Briefkasten	**letter box**			

Between and

nothing happens.

At a barks

and at a

puts the into the .

At the rings again.

"Get up, Max!"

Wichtige Tunwörter/Important verbs

to get up **aufstehen**

Max **gets up** at seven every day.	Max **steht** jeden Tag um sieben auf.
I **get up** at seven every day.	Ich **stehe** jeden Tag um sieben auf.
Max **is getting up** at seven today.	Max **steht** heute um sieben auf.
I **am getting up** at seven today.	Ich **stehe** heute um sieben auf.

to play **spielen**

Max **plays** with his teddy every day.	Max **spielt** jeden Tag mit seinem Teddy.
I **play** with my teddy every day.	Ich **spiele** jeden Tag mit meinem Teddy.
Max **is playing** with his teddy at the moment.	Max **spielt** gerade mit seinem Teddy.
I **am playing** with my teddy at the moment.	Ich **spiele** gerade mit meinem Teddy.

to read **lesen**

Max **reads** a book every day.	Max **liest** jeden Tag ein Buch.
I **read** a book every day.	Ich **lese** jeden Tag ein Buch.
Max **is reading** a book at the moment.	Max **liest** gerade ein Buch.
I **am reading** a book at the moment.	Ich **lese** gerade ein Buch.

to paint	malen
Max **paints** a picture every day.	Max **malt** jeden Tag ein Bild.
I **paint** a picture every day.	Ich **male** jeden Tag ein Bild.
Max **is painting** a picture at the moment.	Max **malt** gerade ein Bild.
I **am painting** a picture at the moment.	Ich **male** gerade ein Bild.

to count	zählen
Max **counts** the minutes every day.	Max **zählt** jeden Tag die Minuten.
I **count** the minutes every day.	Ich **zähle** jeden Tag die Minuten.
Max **is counting** the minutes today.	Max **zählt** heute die Minuten.
I **am counting** the minutes today.	Ich **zähle** heute die Minuten.

to go by train	mit dem Zug fahren
Max **goes by train** every day.	Max **fährt** jeden Tag mit dem Zug.
I **go by train** every day.	Ich **fahre** jeden Tag mit dem Zug.
Max **is going by train** today.	Max **fährt** heute mit dem Zug.
I **am going by train** today.	Ich **fahre** heute mit dem Zug.

Quellenverzeichnis

Kein normales Gespenst/A very special ghost,
Im Schloss/In the castle,
Der arme Ritter Eduard / Eduard the poor knight
aus: Werner Färber,
Englisch lernen mit der Bildermaus –
Geschichten vom kleinen Gespenst
mit Illustrationen von Pia Eisenbarth
© 2004 Loewe Verlag GmbH, Bindlach

Winnotamis erste Feder/Winnotami's first feather,
Kikumas Geschenk/Kikuma's present
aus: Werner Färber,
Englisch lernen mit der Bildermaus –
Geschichten vom kleinen Indianer
mit Illustrationen von Gabi Selbach
© 2004 Loewe Verlag GmbH, Bindlach

Ein seltsamer Tag/A strange day,
Oskar rettet die Hexe/Oskar saves the witch
aus: Werner Färber,
Englisch lernen mit der Bildermaus –
Geschichten vom kleinen Zauberer
mit Illustrationen von Julia Ginsbach
© 2003 Loewe Verlag GmbH, Bindlach

Der erste Schultag/The first day at school,
Willi muss ins Krankenhaus/Willi has to go to hospital
aus: Werner Färber,
Englisch lernen mit der Bildermaus –
Geschichten aus der Schule
mit Illustrationen von Claudia Fries
© 2003 Loewe Verlag GmbH, Bindlach

Ein Tag mit Max/A day with Max
aus: Werner Färber,
Englisch lernen mit der Bildermaus –
Geschichten von der Uhr
mit Illustrationen von Angela Weinhold
© 2003 Loewe Verlag GmbH, Bindlach